ORDONNANCE
PROVISOIRE
DU ROI,

Concernant la Formation & la Solde du Corps d'Infanterie de Mont-Réal.

Du 12 Mai 1785.

DE PAR LE ROI.

SA MAJESTÉ jugeant convenable au bien de ſon ſervice, de donner au Corps d'Infanterie de Mont-Réal, une compoſition plus analogue à celle de ſon Infanterie, Elle a ordonné & ordonne ce qui ſuit:

ARTICLE PREMIER.

Création d'une Compagnie de Fuſiliers, & ſuppreſſion de la Compagnie d'Artillerie.

Au moyen d'une compagnie de Fuſiliers que Sa Majeſté crée par la préſente Ordonnance, & de la ſuppreſſion de la compagnie d'Artillerie dont il ſera formé une compagnie de Fuſiliers, le Corps d'Infanterie de Mont-Réal ſera compoſé de quatre compagnies de Fuſiliers.

2.

Le ſieur Comte de Mont-Réal conſervera, comme ci-devant, la propriété de ce Corps.

3.

Les ordres, commiſſions, lettres & brevets pour remplir les charges qui viendront à vaquer dans ce Corps, ſeront expédiés ſous le nom de *Corps d'Infanterie de Mont-Réal.*

4.

Ce Corps conſervera l'uniforme qui lui a été réglé, & le rang qui lui a été aſſigné dans l'Infanterie.

5.

Pied de paix & pied de guerre.

Sa Majesté diſtinguera pour la compoſition & le traitement de ce Corps, un pied de paix & un pied de guerre.

6.

Le nombre des Officiers & des bas Officiers de tout grade, ſera le même ſur le pied de paix & ſur le pied de guerre.

7.

Appointés & Fuſiliers.

Sa Majesté veut bien rétablir le grade d'Appointé en faveur des huit plus anciens Fuſiliers de chaque compagnie, & l'accorder au plus ancien Tambour.

8.

Suppreſſion des Fraters.

Sa Majesté ſupprime les Fraters, mais ſon intention eſt qu'ils ſoient payés ſur la portion des fonds de la Maſſe générale, qui ſera verſée chaque mois dans la Caiſſe du régiment, du ſupplément de ſolde néceſſaire pour parfaire la paye dont ils jouiſſoient, ſans que ce ſupplément puiſſe s'étendre à aucun autre après eux.

9.

Compoſition

Chaque compagnie ſera compoſée, ſur le pied

de paix, d'un Capitaine-commandant, d'un Capitaine en second, d'un Lieutenant en premier, d'un Lieutenant en fecond, de deux Sous-lieutenans, d'un Sergent-major, d'un Fourrier, de quatre Sergens, de huit Caporaux, de huit Appointés, de cinquante-fix Fufiliers & deux Tambours; au total de quatre-vingts bas Officiers, Fufiliers & Tambours, commandés par fix Officiers. *des Compagnies, fur le pied de paix.*

10.

Sur le pied de guerre.

CHAQUE compagnie fera compofée, fur le pied de guerre, d'un Capitaine-commandant, d'un Capitaine en fecond, d'un Lieutenant en premier, d'un Lieutenant en fecond, de deux Sous-lieutenans, d'un Sergent-major, d'un Fourrier, de quatre Sergens, de huit Caporaux, de huit Appointés, de cent quatre Fufiliers & de deux Tambours; au total de cent vingt-huit bas Officiers, Fufiliers & Tambours, commandés par fix Officiers.

11.

Soldat-Charpentier.

IL y aura un Soldat-charpentier dans le nombre des Fufiliers de chaque compagnie; il fera choifi parmi ceux qui feront le plus propre à ce fervice, & il n'en fera pas d'autre à la guerre.

12.

Efcouades.

LES Caporaux, les Appointés & les Fufiliers de chaque compagnie formeront huit efcouades.

Chaque efcouade fera compofée, fur le pied de paix, d'un Caporal, d'un Appointé & de fept Fufiliers.

Elle fera compofée, fur le pied de guerre, d'un Caporal, d'un Appointé & de treize Fufiliers.

13.

MAIS Sa Majefté fe réferve d'ordonner des augmentations progreffives entre le pied de paix & le pied de guerre, ſelon qu'Elle le jugera à propos; ces augmentations porteront ſur le nombre des Fuſiliers de chaque eſcouade, & jamais ſur celui des bas Officiers.

14.

ELLE ſe réſerve de même de tenir les eſcouades au-deſſous du pied de paix, ſi Elle le jugeoit convenable.

15.

Subdiviſions. LES huit eſcouades de chaque compagnie, commandées chacune par un Caporal, formeront quatre ſubdiviſions de la compagnie, commandées chacune par un Sergent, & compoſées de deux eſcouades.

Diviſions. Et les quatre ſubdiviſions de la compagnie, commandées chacune par un Sergent, formeront deux diviſions de la compagnie, commandées la première par le Lieutenant en premier, & ſous ſes ordres par le premier Sous-lieutenant; & la ſeconde par le Lieutenant en ſecond, & ſous ſes ordres par le ſecond Sous-lieutenant.

16.

Comptes à rendre. LE Caporal ſera reſponſable de ſon eſcouade au Sergent de la ſubdiviſion duquel elle fait partie, le Sergent le ſera de ſa ſubdiviſion au Sous-lieutenant de la diviſion dans laquelle elle eſt compriſe, le Sous-lieutenant de chaque diviſion le ſera au Lieutenant qui la commande, le Lieutenant au Capitaine en ſecond, le Capitaine en ſecond au Capitaine-commandant, & chaque Capitaine-commandant ſera reſponſable de l'état de ſa compagnie au Major.

17.

Tambours formés en une eſcouade. LES Tambours ſeront aux ordres du Tambour-major. Ils formeront une eſcouade, commandée ſous ſes ordres par le plus ancien Tambour; mais l'autorité du Tambour-major ſur les Tambours, n'empêchera point

12 may 1785

point qu'ils ne reſtent ſoumis à celle des Officiers & bas Officiers des compagnies dont ils font partie.

18.

Sergent-major, ſes fonctions.

LE Sergent-major de chaque compagnie en commandera tous les bas Officiers & Fuſiliers ſubordonnément aux Officiers. Il ſera particulièrement chargé de tous les détails du ſervice & de la diſcipline, dont il ſera reſponſable aux Officiers de ſa compagnie.

Fourrier, ſes fonctions.

Le Fourrier aura le rang de Sergent, & il commandera à ſon rang parmi eux.

Il dreſſera tous les états & tiendra les livres & regiſtres, & il ſera reſponſable de tous les détails de diſtribution & de comptabilité, au Quartier-maître-tréſorier, il pourvoira au logement de la compagnie.

19.

Capitaines & Sous-lieutenans de remplacement.

INDÉPENDAMMENT des Capitaines-commandans & en ſecond, des Lieutenans en premier & en ſecond, & des deux Sous-lieutenans en pied, Sa Majeſté a jugé à propos d'attacher à la première compagnie de ce Corps un Capitaine de remplacement.

Et à chaque compagnie, un Sous-lieutenant de remplacement.

20.

CES Officiers ne recevront point d'appointemens; ils auront, ſur le pied de paix, le logement quand ils ſeront à leur Corps, l'étape en route; & ſur le pied de guerre, le nombre de rations de pain & de fourrage attribuées à leur grade.

21.

Service des Officiers de remplacement.

LE Capitaine de remplacement attaché à la première compagnie, la commandera au défaut des Capitaines-commandant & en ſecond de cette compagnie, ou ſubordonnément à eux quand ils ſeront préſens, & ſupérieurement aux Lieutenans.

B

22.

LES Officiers de remplacement ne feront tenus de fervir pendant la paix, que du 1.er de Juin au 1.er d'Octobre, hors que des ordres particuliers n'apportent des changemens à cette difpofition.

23.

LE Capitaine de remplacement fera fpécialement attaché à la feconde divifion de fa compagnie.

Lorfqu'il fera préfent, le Lieutenant en fecond lui en rendra compte, & il en fera refponfable au Capitaine-commandant. Le Capitaine en fecond n'aura alors à rendre compte à celui-ci que de la première divifion.

De même, lorfque le Sous-lieutenant de remplacement fera préfent, il fera fpécialement attaché à la feconde fubdivifion de la première divifion. Le Sergent lui en rendra compte, & il en fera refponfable au Lieutenant en premier. Le premier Sous-lieutenant n'aura alors à rendre compte à celui-ci que de la première fubdivifion.

24.

État-major.

AU moyen de la création d'un Meftre-de-camp en fecond, d'un Porte-drapeau, d'un Adjudant, d'un Aumônier, d'un Tambour-major, de quatre Muficiens & d'un Armurier; l'État-major de ce Corps fera compofé d'un Meftre-de-camp-propriétaire, d'un Meftre-de-camp en fecond, d'un Lieutenant-colonel, d'un Major, d'un Quartier-maître-tréforier, d'un Porte-drapeau, d'un Adjudant, d'un Chirurgien-major, d'un Aumônier, d'un Tambour-major, de quatre Muficiens & d'un Armurier.

25.

Major. Ses fonctions.

LE Major furveillera particulièrement tous les détails de fervice, police & difcipline.

Compte à rendre

Les Capitaines-commandans, conféquemment à l'article 16, lui rendront compte. Il rendra compte au

12. may 1785.

Lieutenant-colonel, le Lieutenant-colonel au Meſtre-de-camp en ſecond, & le Meſtre-de-camp en ſecond au Meſtre-de-camp-propriétaire. *par les Officiers ſupérieurs de l'État-major.*

26.

Le Quartier-maître-tréſorier aura le rang de Lieutenant. *Quartier-maître-tréſorier.*

Le Porte-drapeau aura celui de dernier Sous-lieutenant. *Porte-drapeau.*

L'Adjudant aura le rang de premier Sergent-major. Il commandera aux Sergens-majors, & conſéquemment à tous les Sergens. *Adjudant.*

27.

L'intention de Sa Majeſté étant que l'Adjudant ne perde point, en continuant d'être Adjudant, les avantages & les récompenſes que ſes ſervices le mettront dans le cas de mériter; il datera, ſans être Officier, pour toute eſpèce de récompenſe & de grâce, de l'époque à laquelle à ſon ancienneté de Sergent-major, il auroit pu mériter de l'être. Cette date ſera pour lui celle de laquelle un Sergent-major moins ancien que lui, auroit été fait Officier; & lorſqu'enſuite il le ſera lui-même, il prendra ſon rang ſur ce dernier.

28.

Le Tambour-major aura rang de Sergent-major; il commandera aux Muſiciens comme aux Tambours. *Tambour-major.*

29.

Le Meſtre-de-camp-propriétaire propoſera pour Capitaine-commandant de la compagnie nouvellement créée, le plus ancien Capitaine en ſecond; le plus ancien Lieutenant en premier, pour Capitaine en ſecond; le plus ancien Lieutenant en ſecond, pour Lieutenant en premier; & le plus ancien Sous-lieutenant, pour Lieutenant en ſecond. *Nomination aux nouveaux emplois en pied.*

Comme par la ſuite de cette diſpoſition, quatre

Sous-lieutenans en pied de l'ancien fond paſſeront à des Lieutenances en ſecond, le Meſtre-de-camp-propriétaire propoſera quatre nouveaux ſujets pour les remplacer, indépendamment des deux Sous-lieutenans en pied de la nouvelle compagnie.

30.

Emplois de remplacemens.

Le Meſtre-de-camp-propriétaire propoſera à l'emploi de Capitaine de remplacement, d'abord & à ſon rang d'ancienneté, un Capitaine réformé, ou à la ſuite du Corps, s'il y en a.

Et enſuite, ou dès ce premier inſtant, s'il n'y a point de Capitaine réformé, ou à la ſuite de ce Corps, le Meſtre-de-camp-propriétaire pourra propoſer pour Capitaine de remplacement, un Officier de ce Corps ou de tout autre qu'il jugera convenir à cet emploi.

Age & ſervices exigés.

Sa Majeſté veut cependant que l'Officier propoſé pour Capitaine de remplacement, ait au moins l'âge de dix-huit ans, & trois ans de ſervice en qualité de Lieutenant ou de Sous-lieutenant.

Elle permet qu'un Officier des Troupes à cheval ſoit nommé Capitaine de remplacement de ce Corps, comme Elle permettra qu'un Officier tiré de ce Corps, ſoit nommé Capitaine de remplacement des Troupes à cheval.

31.

Le Capitaine de remplacement concourra avec les Lieutenans, pour être nommé aux emplois de Capitaine en ſecond, mais ſeulement à ſon rang de Lieutenant, & du jour dont il aura eu des Lettres de ce grade; & s'il n'avoit été que Sous-lieutenant & point Lieutenant, il concourroit avec les Lieutenans, comme s'il l'étoit de la date ſeulement de ſa commiſſion de Capitaine.

32.

Les Lieutenans en premier pafferont à leur rang aux emplois de Capitaine en fecond, fans autre concurrence que celle du Capitaine de remplacement, ainfi qu'elle eft établie par l'article précédent.

33.

Le troifième Sous-lieutenant de ce Corps, prendra, au lieu de ce titre que Sa Majefté fupprime, celui de Sous-lieutenant de remplacement.

Le Meftre-de-camp-propriétaire propofera aux trois autres emplois de Sous-lieutenans de remplacement, & enfuite à ces quatre emplois lorfqu'ils viendront à vaquer, des Sous-lieutenans à la fuite de ce Corps, & de nouveaux fujets à l'alternative ou par moitié, c'eft-à-dire, que lorfqu'il y aura à la fois plufieurs Sous-lieutenans à remplacer & plufieurs emplois à nommer, ils feront donnés, moitié aux premiers & moitié à de nouveaux fujets ; & lorfqu'enfuite il n'y aura plus à la fois qu'un emploi à donner, il le fera à l'alternative, d'abord à un Sous-lieutenant à la fuite, & après à un nouveau fujet.

Et s'il n'y a point de Sous-lieutenant à la fuite, ou lorfque tous feront remplacés, le Meftre-de-camp-propriétaire pourra propofer de nouveaux fujets à tous les emplois de Sous-lieutenans de remplacement.

34.

Les Capitaines & les Sous-lieutenans à la fuite de ce Corps, feront rappelés, conféquemment aux difpofitions précédentes, aux emplois de Capitaines & de Sous-lieutenans de remplacement à leur rang. Ceux qui ne pourroient l'être encore attendront chez eux leur rang à être rappelés & remplacés ; & jufqu'à ce qu'ils le foient, ils ne feront tenus à aucun fervice. Ils auront foin d'inftruire le Meftre-de-camp-propriétaire de leur demeure, afin que ce Meftre-de-camp-propriétaire puiffe leur annoncer leur remplacement, & leur donner alors les ordres néceffaires. Ceux qui ne profiteroient pas des bontés de Sa Majefté dans les moyens qu'Elle leur offre d'être remplacés à leur rang & de rentrer en activité à fon fervice, perdroient dès-lors tout droit de l'être, & leur rang feroit paffé.

35.

Les Officiers à la fuite pourront encore être propofés par le Meftre-de-camp-propriétaire de tout régiment & de toute arme, à tels emplois de Capitaine de remplacement, ou de Sous-lieutenant en pied ou de remplacement auxquels il conviendroit à ce Meftre-de-camp-propriétaire de les propofer comme nouveaux fujets, en obfervant ce qui eft prefcrit dans les *articles 30 & 33*, relativement à la nomination de ceux-ci.

36.

Mais après le remplacement des Capitaines réformés & Sous-lieutenans à la fuite, Sa Majefté ne s'aftreint point à nommer à tous les emplois de Capitaine & de Sous-lieutenant de remplacement; Elle n'entend même foutenir l'inftitution de ces emplois qu'autant de temps qu'Elle le jugera à propos.

Sa Majefté n'exigeant point du Meftre-de-camp-propriétaire, de propofer à tous les emplois de remplacement au complet, Elle entend qu'il ne propofe à ces emplois que des fujets qui pourront y convenir, & à qui leur fortune permettra de fe paffer des appointemens qu'il n'eft pas entré dans fes vues de leur attribuer.

Elle fe réferve indépendamment des propofitions du Meftre-de-camp-propriétaire, de nommer à des emplois de Capitaine ou de Sous-lieutenans de remplacement, des fujets à qui il lui conviendra de les donner.

37.

Rang des Sous-lieutenans de remplacement.

LE Meſtre-de-camp-propriétaire propoſera, s'il le juge à propos, des Sous-lieutenans de remplacement aux emplois de Sous-lieutenans en pied avec appointemens ; mais les Sous-lieutenans de remplacement n'y auront aucun droit. Ils conſerveront néanmoins en reſtant Sous-lieutenans de remplacement, leur rang parmi les Sous-lieutenans en pied, & ils concourront avec eux ſelon la date de leurs brevets de Sous-lieutenans, tant pour le commandement & le ſervice, que pour être nommés aux emplois de Lieutenant en ſecond.

38.

Cadets gentilshommes.

L'INTENTION de Sa Majeſté eſt que ſi dans ce Corps, il reſte encore des Cadets-gentilshommes & juſqu'à ce qu'ils ſoient éteints, le Meſtre-de-camp-propriétaire les propoſe aux emplois de Sous-lieutenant en pied & avec appointemens, de préférence aux Sous-lieutenans de remplacement ou à tout autre ſujet ; hors qu'il n'y ait relativement à ces Cadets-gentilshommes des raiſons d'excluſion ou de retard, dont il ſera rendu compte au Secrétaire d'État de la guerre, qui prendra les ordres de Sa Majeſté à leur égard.

39.

VEUT même Sa Majeſté que les Cadets-gentilshommes déjà nommés Sous-lieutenans, ou qui le ſeront à l'avenir, reprennent le rang ſur les Sous-lieutenans en pied ou de remplacement, promus à ce grade de préférence à eux & d'une date poſtérieure à celle dont ils ſont Cadets-gentilshommes ; Sa Majeſté, conſéquemment à l'article précédent, exceptant de ce rang à leur rendre, le cas où la nomination de ces Cadets-gentilshommes à un emploi de Sous-lieutenant, auroit été retardée pour quelque raiſon de mécontentement ou de négligence de ſervice.

40.

Age exigé pour être Sous-lieutenant.

AUCUN ſujet ne ſera propoſé par le Meſtre-de-camp-propriétaire, pour être Sous-lieutenant en pied ou de remplacement, qu'il n'ait l'âge de quinze ans révolus.

41.

Compoſition de ce Corps.

SA MAJESTÉ permet que ce Corps ſoit compoſé indiſtinctement, dans tous les états & grades, de François & d'Étrangers.

42.

Appointemens, ſolde & maſſes.

SA MAJESTÉ voulant que la paye de ce Corps, ſoit fixée ſur les mêmes principes que celle de toutes ſes Troupes, & qu'il ait de même une augmentation pendant la guerre, Elle a réglé les appointemens & ſolde ainſi qu'il ſuit :

43.

Appointemens, pied de Paix. État-major.

AU Meſtre-de-camp en ſecond, *Dix-huit cents livres.*

Au Lieutenant-colonel, *Trois mille ſix cents livres.*

Au Major, *Trois mille livres.*

Au Quartier-maître-tréſorier, *Douze cents livres*, ou par mois, *Cent livres.*

Au Porte-drapeau, *Sept cents vingt livres*, ou par mois, *Soixante livres.*

Au Chirurgien-major, *Douze cents livres*, ou par mois, *Cent livres.*

A l'Aumônier, *Six cents livres*, ou par mois, *Cinquante livres.*

A l'Adjudant, *Cinq cents quarante livres* ou *Trente ſous* par jour, ou par mois, *Quarante-cinq livres.*

Officiers des Compagnies.

Au premier Capitaine-commandant, *Deux mille quatre cents livres.*

A chacun des trois autres Capitaines-commandans, *Deux mille livres.*

Au premier Capitaine en ſecond, *Quinze cents livres.*

A chacun des trois autres Capitaines en ſecond, *Douze cents cinquante livres.*

A chaque Lieutenant en premier, *Neuf cents livres.*

A chaque

12. may 1785

A chaque Lieutenant en ſecond, *Huit cents livres.*

A chaque Sous-lieutenant en pied, *Sept cents vingt livres.*

44.

Appointemens, pied de guerre.

LES appointemens ci-deſſus réglés à tous les Officiers, Chirurgien-major, Aumônier & Adjudant, ſeront augmentés d'un quart en ſus, ſur le pied de guerre.

45.

Solde, pied de paix.

IL ſera payé par jour, ſur le pied de paix:

A chaque Sergent-major, *Dix-ſept ſous.*

A chaque autre Sergent ou Fourrier, *Treize ſous quatre deniers.*

A chaque Caporal, *Neuf ſous quatre deniers.*

Au premier Appointé de chaque compagnie, *Sept ſous quatre deniers.*

A chaque autre Appointé, *Six ſous dix deniers.*

Tambour-major.

Au Tambour-major, *Dix-ſept ſous.*

Muſicien.

A chaque Muſicien, *Douze ſous.*

A chaque Fuſilier ou Tambour, *Six ſous quatre deniers.*

Armurier.

A l'Armurier, *Six ſous quatre deniers.*

Au plus ancien Tambour ayant le grade d'Appointé, indépendamment de ſa ſolde, *Un ſou* de haute-paye.

46.

Maſſe de linge & chauſſure.

VEUT Sa Majeſté que ſur la ſolde réglée par l'article précédent, il ſoit retenu ſeize deniers par jour à chaque Sergent-major, Fourrier ou Sergent; & huit deniers par jour à chaque Caporal, Appointé, Fuſilier, Tambour & Armurier, pour former une Maſſe de linge & chauſſure. Cette Maſſe ſera conſervée dans la Caiſſe du Corps, & le décompte en ſera fait aux ſuſdits bas Officiers & Fuſiliers tous les quatre mois.

47.

LA moitié de la ſolde de tous les bas Officiers &

Fusiliers absens par congé, & la solde entière de ceux qui n'auront pas rejoint à l'expiration de leurs congés, seront réunies à ladite Masse.

48.

Supplément de solde, sur le pied de guerre.

LES objets d'entretien auxquels est destinée la Masse de linge & chaussure, devenant plus dispendieux pendant la guerre, Sa Majesté accorde par jour, sur le pied de guerre, un supplément de solde de huit deniers à chaque bas Officier ou Fusilier, Tambour & Armurier: ce supplément sera réuni à la Masse de linge & chaussure, en augmentation de cette Masse.

49.

L'ADJUDANT sera excepté des dispositions relatives à la Masse de linge & chaussure, à laquelle il n'aura nulle part. Il ne lui sera point fait de retenue pour y fournir, & il ne recevra point pendant la guerre, le supplément de solde établi par l'article précédent.

50.

Masse générale.

IL sera formé une Masse générale, pour laquelle Sa Majesté fera payer quarante livres par an, par chaque Fusilier, Tambour, Musicien, Armurier, Appointé, Caporal, Sergent, Fourrier, Tambour-major, Sergent-major & Adjudant.

La partie de la Masse générale destinée à l'habillement, restera entre les mains du Trésorier général de la guerre, conformément à l'Ordonnance du 19 décembre 1784; le surplus sera payé chaque mois, au complet, au Quartier-maître-trésorier, déposé dans sa Caisse, & régie par le Conseil d'Administration, qui, au moyen de ce fonds, pourvoira aux dépenses de recrues, d'entretien & de réparation, au payement de la capitation, & des quatre deniers pour livre de tous les appointemens & solde.

51.

Haute-paye des Tambours.

IL sera payé à chaque Tambour, sur cette Masse,

12 May 1786

une haute-paye de deux ſous par jour, au moyen de laquelle il ſera tenu d'entretenir ſa caiſſe de peaux & de cordages, & de ſe fournir de baguettes.

52.

LA Maſſe générale ſera, ſur le pied de guerre, de quarante-cinq livres par homme. *Augmentation de la maſſe générale, ſur le pied de guerre.*

53.

MAIS l'intention de Sa Majeſté n'eſt pas que ce Corps, ſur le pied de guerre quant au nombre, ſoit pour cela ſur le pied de guerre quant à la ſolde. Ce dernier n'aura lieu que de l'époque à laquelle Sa Majeſté l'ordonnera.

54.

L'ARMEMENT continuera de lui être fourni des magaſins de Sa Majeſté. *Armement.*

55.

TOUTES les diſpoſitions preſcrites par la préſente Ordonnance, relativement aux appointemens, à la ſolde & aux maſſes, auront lieu de l'époque fixée pour ſon exécution ; mais Sa Majeſté, en faiſant jouir ce Corps à l'inſtant même des augmentations qu'Elle accorde, ne veut pas que perſonne perde rien de ſon état actuel ; en conſéquence, Elle ordonne que les Officiers, bas Officiers & Fuſiliers dont les appointemens & la ſolde ſeront réduits, reçoivent en ſupplément, ſur la Maſſe générale, la ſomme néceſſaire pour parfaire les mêmes appointemens & ſolde dont ils jouiſſoient, ſans que ce ſupplément puiſſe aucunement s'étendre à ceux qui leur ſuccéderont ; & ſi l'augmentation de Maſſe ne ſuffiſoit pas pour faire face à cette dépenſe momentanée, il y ſera pourvu extraordinairement, d'après l'état qui en ſera arrêté par l'Inſpecteur tous les deux mois, & adreſſé au Secrétaire d'État de la guerre.

56.

Exécution de la présente Ordonnance.

POUR parvenir à l'exécution de la présente Ordonnance, l'Inspecteur à qui Sa Majesté en aura donné l'ordre, fera mettre ce Corps sous les armes, après en avoir prévenu le Commandant de la Place où il sera en garnison, & en présence du Commissaire des guerres qui en aura la police.

57.

Revues de l'Inspecteur & du Commissaire des guerres.

CET Inspecteur fera une revue de ce Corps, & le Commissaire des guerres fera en même temps la sienne, pour servir au payement dudit Corps jusqu'au jour de sa nouvelle composition, inclusivement.

58.

Choix du Porte-drapeau & de l'Adjudant.

IL ordonnera au Mestre-de-camp-propriétaire, de choisir entre tous les Sergens-majors, Sergens & Fourriers, les sujets qu'il jugera les plus propres à remplir l'emploi de Porte-drapeau & la place d'Adjudant.

Les sujets qui remplaceront le Porte-drapeau & l'Adjudant aux emplois qu'ils quitteront, seront nommés en même temps & reçus aussitôt, ainsi que ceux qui seront choisis pour les places de bas Officiers que Sa Majesté a établies dans la compagnie créée par cette Ordonnance,

Sergent-major, Fourriers, Sergens, Caporaux & Tambour-major.

lesquels devront être pris; savoir, le Sergent-major parmi les Fourriers ou Sergens, le Fourrier & les Sergens parmi les Caporaux, & les Caporaux parmi les Fusiliers.

Le Tambour-major sera choisi parmi les Tambours.

59.

Appointés.

L'INSPECTEUR ordonnera ensuite que les huit plus anciens Fusiliers de chaque compagnie, soient reconnus pour Appointés, ainsi que le plus ancien Tambour du Corps.

60.

APRÈS que les Appointés des trois anciennes compagnies seront reconnus, l'Inspecteur choisira sur la

totalité

12. May 1785

totalité du Corps, les huit plus anciens Soldats pour être Appointés de la nouvelle compagnie.

61.

Il formera ensuite la nouvelle compagnie sur le fonds de trois anciennes, en observant de prendre les hommes qui devront la composer parmi ceux de bonne volonté; & s'il ne s'en présentoit pas un nombre suffisant, il les choisira par égale portion sur les trois compagnies, en prenant par la tête, le centre & la queue.

62.

Répartition des Fusiliers, & formation des Escouades.

L'Inspecteur ordonnera que les Fusiliers de chaque compagnie soient répartis dans les escouades à leur rang; le plus ancien Fusilier dans la première, le second dans la seconde, le troisième dans la troisième, le quatrième dans la quatrième, le cinquième dans la cinquième, le sixième dans la sixième, le septième dans la septième, le huitième dans la huitième, & ensuite le neuvième dans la première, le dixième dans la seconde, & ainsi de suite, en comprenant dans cette répartition & à leur rang les Fusiliers qui se trouveroient aux hôpitaux ou absens. Que les escouades ainsi formées, le premier Caporal de chaque compagnie, & sous lui le premier Appointé, aient le commandement de la première; le second Caporal & le second Appointé, celui de la seconde, & ainsi de suite.

Formation des subdivisions.

Qu'ensuite les subdivisions soient formées, la première de la première & cinquième escouades, la seconde de la seconde & sixième, &c. & que les Sergens prennent le commandement de ces subdivisions à leur rang, le premier celui de la première, le second celui de la seconde, & ainsi de suite.

63.

Mais ce rang une fois établi entre les escouades & les subdivisions, l'Inspecteur ordonnera qu'il reste à perpétuité le même, c'eſt-à-dire, que l'eſcouade déſignée la première, ſoit toujours la première, l'eſcouade déſignée la ſeconde, ſoit toujours la ſeconde, &c. quel que ſoit le rang des Caporaux qui les commanderont. Que de même les ſubdiviſions une fois établies première, ſeconde, &c. & formées à perpétuité des mêmes eſcouades, conſervent toujours le même rang entr'elles, quel que ſoit celui des Sergens qui les commanderont.

Diviſions intérieures des Compagnies, invariables.

Qu'ainſi les diviſions intérieures des compagnies n'éprouvent de changemens, que par les recrues ou par le remplacement des bas Officiers promus à de nouveaux grades.

64.

Formation des diviſions.

ENFIN, il ordonnera que les diviſions ſoient formées, la première, de la première & troiſième ſubdiviſions, la ſeconde, de la ſeconde & quatrième ſubdiviſions; & que dans chaque compagnie, le Lieutenant en premier, & ſous ſes ordres le premier Sous-lieutenant, aient le commandement, l'inſpection & la police ſpéciale de la première diviſion; & de même le Lieutenant en ſecond, & ſous ſes ordres le ſecond Sous-lieutenant, celui de la ſeconde diviſion.

65.

Formation des chambrées & des ordinaires.

LES chambrées & les ordinaires ſeront formés, autant qu'il ſe pourra, dans l'ordre des eſcouades, ſubdiviſions & diviſions ci-deſſus indiqué, de manière que les Fuſiliers des mêmes eſcouades, ſubdiviſions & diviſions, logeant & vivant ou enſemble ou le plus près qu'il ſe pourra, ſoient conſtamment ſoumis à la vigilance & police des mêmes bas Officiers.

Mais les diviſions de police intérieure ſeront ſubordonnées dans l'ordre de bataille, à ce que preſcrit l'Ordonnance de l'exercice, relativement à la diſpoſition des Fuſiliers, dans le rang & aux diviſions qui doivent y être obſervées.

12. May 1785

66.

L'INSPECTEUR ordonnera enſuite au Meſtre-de-camp-propriétaire, de recevoir à la tête du Corps l'Adjudant qui devra y ſervir ; après quoi, le Meſtre-de-camp-propriétaire recevra à la tête du Corps le Meſtre-de-camp en ſecond & le Porte-drapeau.

Adjudant, Meſtre-de-camp en ſecond & Porte-drapeau.

67.

ENSUITE, les Officiers placés à la tête de la nouvelle compagnie qu'ils devront commander, y ſeront reçus en leur grade par un Officier ſupérieur, & le Capitaine-commandant recevra enſuite les bas Officiers qui auront été tirés des autres compagnies.

Officiers de la nouvelle Compagnie.

68.

LA première compagnie de ce Corps une fois déſignée, en reſtera toujours la première, & elle ſera toujours commandée par le premier Capitaine-commandant & le premier Capitaine en ſecond, qui paſſeront à cette compagnie lorſqu'ils deviendront les premiers de leur grade.

Rang des Compagnies.

Les trois autres compagnies ſuivront le rang de leurs Capitaines-commandans.

69.

LA formation de ce Corps ainſi terminée, l'Inſpecteur en fera une revue.

Seconde revue de l'Inſpecteur & du Commiſſaire des guerres.

Le Commiſſaire des guerres fera la ſienne pour ſervir, à compter de ce jour, au nouvel état d'appointemens & de ſolde, & de la Maſſe.

Il conſtatera la nouvelle compoſition de ce Corps par un procès-verbal, dont un double ſera adreſſé au Secrétaire d'État de la guerre, & un autre au Tréſorier.

Procès-verbal de la nouvelle compoſition.

70.

CE Corps étant renvoyé dans ſes quartiers, l'Inſpecteur fera aſſembler le Conſeil d'Adminiſtration, qui ſera dorénavant compoſé des Meſtres-de-camp-propriétaire & en ſecond, du Lieutenant-colonel, du

Comptabilité.

Major & du premier Capitaine-commandant. Il examinera les fonds en Caiſſe & les effets en magaſin.

États à former. Il ſera former des états ſéparés de tous les objets que l'ancien Conſeil d'Adminiſtration dudit régiment certifiera, & il les viſera.

Il ſe ſera remettre des aperçus de toutes les dépenſes néceſſaires pour conſommer la formation de ce Corps; ces dépenſes, comparées aux fonds qu'il ſera dans le cas de recevoir pour les hommes de nouvelle levée, l'Inſpecteur donnera les inſtructions & les ordres néceſſaires. Il adreſſera au Secrétaire d'État de la guerre, en lui rendant compte de ſon opération, des doubles de tous les états qui lui auront été remis, & des copies des ordres & inſtructions qu'il aura donnés.

MANDANT Sa Majeſté à Monſ. le Prince de Condé, Colonel général de l'Infanterie Françoiſe & Étrangère, de tenir la main à l'exécution de la préſente Ordonnance.

MANDE & ordonne Sa Majeſté aux Officiers généraux ayant commandement ſur ſes Troupes, aux Gouverneurs, Lieutenans généraux, Commandans en chef & en ſecond dans ſes provinces, aux Inſpecteurs généraux de ſes Troupes, aux Gouverneurs & Commandans de ſes villes & places, aux Meſtres-de-camp-propriétaire & en ſecond de ce Corps, aux Intendans en ſeſdites provinces & ſur ſes frontières, aux Commiſſaires des guerres, & à tous autres ſes Officiers qu'il appartiendra, de tenir la main à l'exécution de la préſente Ordonnance.

FAIT à Verſailles le douze mai mil ſept cent quatre-vingt-cinq.

Signé LOUIS. *Et plus bas,* LE M.AL DE SÉGUR.

LOUIS-

LOUIS-JOSEPH DE BOURBON, *Prince* **DE CONDÉ,** *Prince du Sang, & Grand-maître de France, Lieutenant général des Armées du Roi, Chevalier de ſes Ordres, Gouverneur & Lieutenant général des provinces de Bourgogne & de Breſſe, Colonel général de l'Infanterie françoiſe & étrangère.*

VU l'Ordonnance du Roi, des autres parts, du 12 de ce mois, ſignée Louis, & plus bas, le M.al de Ségur, concernant la Formation & la Solde du Corps d'Infanterie de Mont-Réal ; ladite Ordonnance à nous adreſſée pour tenir la main à ſon exécution.

NOUS, en vertu du pouvoir que nous en avons à cauſe de notre place de Colonel général de l'Infanterie françoiſe & étrangère : Mandons & ordonnons à tous Meſtres-de-camp-commandans, Meſtres-de-camp-lieutenans-commandans, Meſtres-de-camp en ſecond, Meſtres-de-camp-lieutenans en ſecond, Lieutenans-colonels, Majors & autres Officiers des régimens d'Infanterie françoiſe & étrangère, de ſe conformer à ladite Ordonnance, & de la faire exécuter chacun en ce qui le concerne. En foi de quoi nous avons fait expédier la préſente que nous avons ſignée, & fait contre-ſigner par le Secrétaire général de l'Infanterie françoiſe & étrangère.

DONNÉ à Chantilly le vingt-deux mai mil ſept cent quatre-vingt-cinq. *Signé* LOUIS-JOSEPH DE BOURBON. *Et plus bas,* Par ſon Alteſſe Séréniſſime. *Signé* BOULOGNE DE LASCOURS.

TABLEAU des Appointemens & Solde.

	PIED DE PAIX.			PIED DE GUERRE.		
	Par jour.	Par mois.	Par an.	Par jour.	Par mois.	Par an.
Au premier Capitaine-commandant, six livres treize sous quatre deniers sur le pied de paix; & huit livres six sous huit deniers sur le pied de guerre, ci.........	6^l 13^s 4^d	200^l // ^{s} // ^{d}	2400^l	8^l 6^s 8^d	250^l // ^{s} // ^{d}	3000^l
A chacun des trois autres Capitaines-commandans, cinq livres onze sous un denier un tiers en paix; & six livres dix-huit sous dix deniers deux tiers en guerre....	5. 11. 1 $\frac{1}{3}$	166. 13. 4	2000.	6. 18. 10 $\frac{2}{3}$	208. 6. 8	2500.
Au premier Capitaine en second, quatre livres trois sous quatre den. en paix; & cinq livres quatre sous deux deniers en guerre........	4. 3. 4	125. // //	1500.	5. 4. 2	156. 5. //	1875.
A chacun des trois autres Capitaines en second, trois livres neuf sous cinq deniers un tiers en paix; & quatre livres six sous neuf den. deux tiers en guerre..........	3. 9. 5 $\frac{1}{3}$	104. 3. 4	1250.	4. 6. 9 $\frac{2}{3}$	130. 4. 2	1562.10.
A chaque Lieutenant en premier, deux livres dix sous en paix; & trois livres deux sous six deniers en guerre..................	2. 10. //	75. // //	900.	3. 2. 6	93. 15. //	1125.
A chaque Lieutenant en second, deux livres quatre sous cinq den. un tiers en paix; & deux livres quinze sous six deniers deux tiers en guerre.................	2. 4. 5 $\frac{1}{3}$	66. 13. 4	800.	2. 15. 6 $\frac{2}{3}$	83. 6. 8	1000.
A chaque Sous-lieutenant en pied, deux livres en paix; & deux livres dix sous en guerre.......	2. // //	60. // //	720.	2. 10. //	75. // //	900.
A chaque Sergent-major, dix-sept sous en paix; & dix-sept sous huit deniers en guerre........	// 17. //	25. 10. //	306.	// 17. 8	26. 10. //	318.
A chaque autre Sergent, treize sous quatre deniers en paix; & quatorze sous en guerre.......	// 13. 4	20. // //	240.	// 14. //	21. // //	252.
A chaque Fourrier, treize sous quatre deniers en paix; & quatorze sous en guerre.............	// 13. 4	20. // //	240.	// 14. //	21. // //	252.
A chaque Caporal, neuf sous quatre deniers en paix; & dix sous en guerre.................	// 9. 4	14. // //	168.	// 10. //	15. // //	180.
Au premier Appointé de chaque compagnie, sept sous quatre den. en paix; & huit sous en guerre...	// 7. 4	11. // //	132.	// 8. //	12. // //	144.
A chaque autre Appointé, six sous dix deniers en paix; & sept sous six deniers en guerre......	// 6. 10	10. 5. //	123.	// 7. 6	11. 5. //	135.

12 May 1785

	PIED DE PAIX.			PIED DE GUERRE.		
	Par jour.	Par mois.	Par an.	Par jour.	Par mois.	Par an.
A chaque Fuſilier & Tambour, ſix ſous quatre deniers en paix; & ſept ſous en guerre.	″^{l} 6^{s} 4^{d}	9^{l} 10^{s} ″^{d}	114^{l}	″^{l} 7^{s} ″^{d}	10^{l} 10^{s} ″^{d}	126^{l}
Au plus ancien Tambour, ayant le grade d'Appointé, ſept ſous quatre deniers en paix; & huit ſous en guerre.	″ 7. 4	11. ″ ″	132.	″ 8. ″	12. ″ ″	144.
ÉTAT-MAJOR.						
Au Meſtre-de-camp en ſecond, cinq livres en paix; & ſix livres cinq ſous en guerre.	5. ″ ″	150. ″ ″	1800.	6. 5. ″	187. 10. ″	2250.
Au Lieutenant-colonel, dix livres en paix; & douze livres dix ſous en guerre.	10. ″ ″	300. ″ ″	3600.	12. 10. ″	375. ″ ″	4500.
Au Major, huit livres ſix ſous huit deniers en paix; & dix livres huit ſous quatre deniers en guerre.	8. 6. 8	250. ″ ″	3000.	10. 8. 4	312. 10. ″	3750.
Au Quartier-maître-tréſorier, trois livres ſix ſous huit deniers en paix; & quatre livres trois ſous quatre deniers en guerre.	3. 6. 8	100. ″ ″	1200.	4. 3. 4	125. ″ ″	1500.
Au Porte-drapeau, deux livres en paix; & deux livres dix ſous en guerre.	2. ″ ″	60. ″ ″	720.	2. 10. ″	75. ″ ″	900.
Au Chirurgien-major, trois livres ſix ſous huit deniers en paix; & quatre livres trois ſous quatre deniers en guerre.	3. 6. 8	100. ″ ″	1200.	4. 3. 4	125. ″ ″	1500.
A l'Aumônier, une livre treize ſous quatre deniers en paix; & deux livres un ſou huit deniers en guerre.	1. 13. 4	50. ″ ″	600.	2. 1. 8	62. 10. ″	750.
A l'Adjudant, une livre dix ſous en paix; & une livre dix-ſept ſous ſix deniers en guerre.	1. 10. ″	45. ″ ″	540.	1. 17. 6	56. 5. ″	675.
Au Tambour-major, dix-ſept ſous en paix; & dix-ſept ſous huit deniers en guerre.	″ 17. ″	25. 10. ″	306.	″ 17. 8	26. 10. ″	318.
A chaque Muſicien, douze ſous en paix; & douze ſous huit deniers en guerre.	″ 12. ″	18. ″ ″	216.	″ 12. 8	19. ″ ″	228.
A l'Armurier, ſix ſous quatre deniers en paix; & ſept ſous en guerre.	″ 6. 4	9. 10. ″	114.	″ 7. ″	10. 10. ″	126.

A PARIS, DE L'IMPRIMERIE ROYALE. 1785.

www.ingramcontent.com/pod-product-compliance
Ingram Content Group UK Ltd.
Pitfield, Milton Keynes, MK11 3LW, UK
UKHW020234180726
13838UKWH00005B/2380